유치부

성탄과 부활

가스펠 프로젝트 유치부

성탄과 부활

지은이 | LifeWay Kids
옮긴이 | 권혜신, 안윤경
감　수 | 김병훈

초판 발행 | 2019. 11. 5
등록번호 | 제1988-000080호
등록된 곳 | 서울특별시 용산구 서빙고로65길 38
발행처 | 사단법인 두란노서원
영업부 | 02) 2078-3352, 3452, 3752, 3781
　　　　 FAX 080-749-3705
편집부 | 02) 2078-3437

표지디자인 | 땅콩프레스
활동 연구 | 고은님·박청아·유은정·진명선·홍선아

책값은 뒤표지에 있습니다.
ISBN 978-89-531-3625-0 04230

홈페이지 | gospelproject.co.kr
두란노몰 | mall.duranno.com

차례

1 성탄절

2 부활절

특별 부록

1 왕을 기다려요

하나님이 보내신 이사야 선지자는 왕이 오신다는 소식을 전했어요.
"이새의 집안에 왕이 나실 거예요. 그분은 영원한 왕이 되실 거예요. 하나님의 영이 그분과 함께 있으면서 그분을 도우실 거예요. 그분은 지혜롭고 총명하며 하나님을 알고 공경하실 거예요. 그분은 멋진 왕이 되실 거예요."

오실 왕

오실 왕이 다스리시는 나라는?

사납고 무서운 동물들과 친구가 될 수 있을까요? 그림에서 이상해 보이는 장면을 찾아 ○표 하고, 그 이유를 이야기해 보세요. 이사야 선지자는 오실 왕에 대해 어떻게 설명했나요?

보기 의 '예수님 상징' 그림들을 찾아 □표 하고, 그 의미를 생각해 보세요.

특별 부록 '왕관'에 41쪽 '예수님 상징' 스티커를 붙여 머리에 쓰고, 예수님을 기억해요.

준비물 ▶ 특별 부록 '왕관', 41쪽 '예수님 상징', '보석' 스티커, 셀로판테이프, 색연필

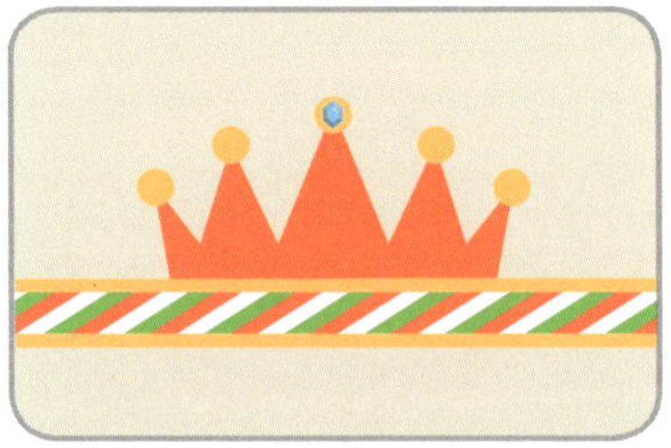

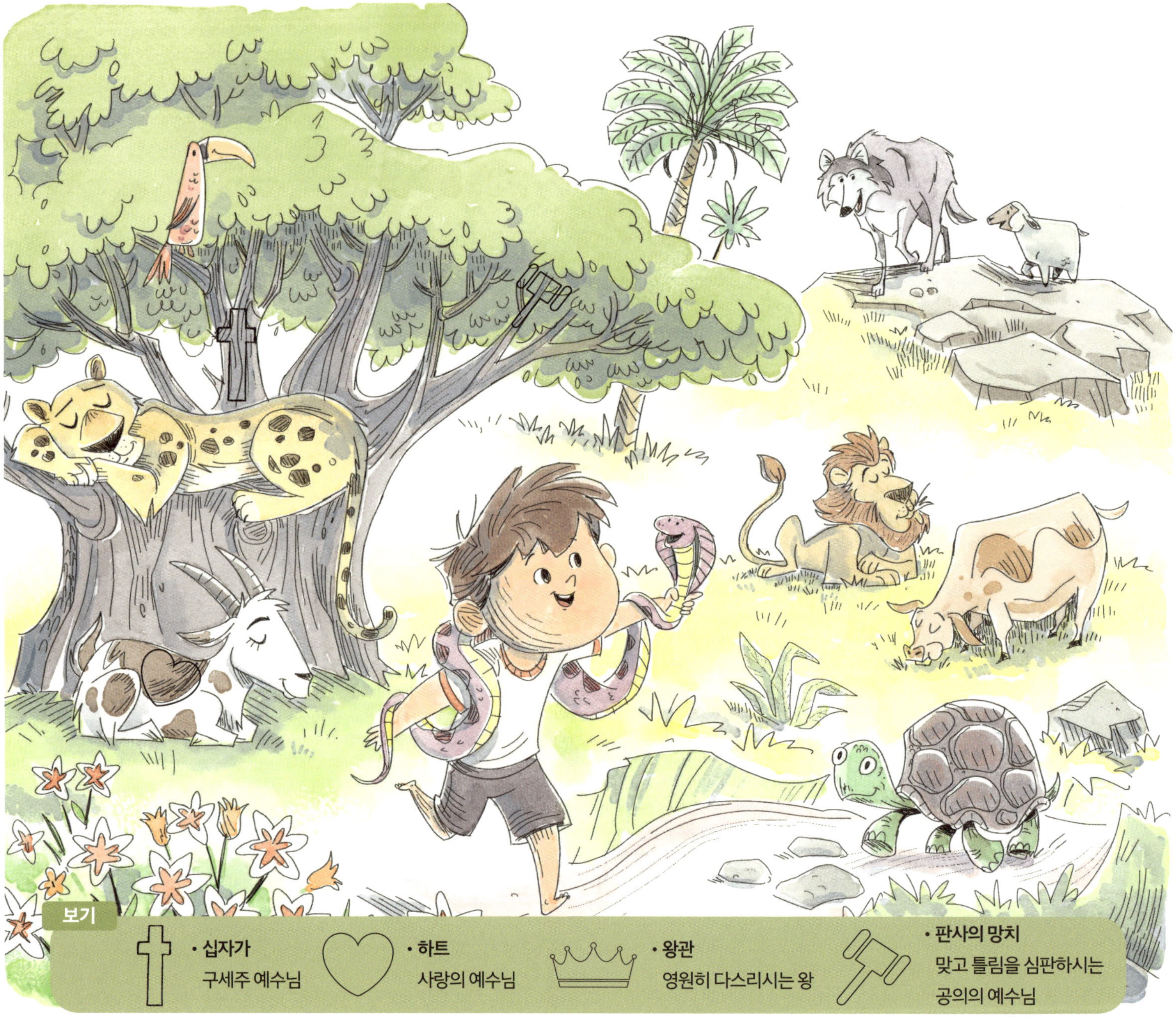

이야기 나누기

- 왕은 무슨 일을 하나요?
- 왕이신 예수님이 다스리시는 나라는 어떠할까요?

보기

✝ · 십자가
구세주 예수님

♡ · 하트
사랑의 예수님

♔ · 왕관
영원히 다스리시는 왕

· 판사의 망치
맞고 틀림을 심판하시는
공의의 예수님

약속대로
오신 예수님

예수님을 기다려요

하나님은 구세주를 보내겠다는 약속을 사람들에게 알려 주셨어요. 구세주는 누구이신가요? 27쪽 '약속 장식'과 29쪽 '크리스마스 카드'를 떼어 27쪽 '하트 장식'으로 화환 모양을 꾸미고 리본을 붙여 복음이 필요한 친구나 이웃에게 선물하며 기쁜 소식을 전해 주세요.

준비물 ▶ 27쪽 '약속 장식', 리본 끈 또는 빵끈, 색연필,
29쪽 '크리스마스 카드', 27쪽 '하트 장식', 풀,
41쪽 '리본' 스티커 또는 리본, 셀로판테이프

약속 장식 만들기

1 27쪽 '약속 장식'을 떼어 약속의 말씀을 들은 사람들이 누구인지 살펴본다.

2 '약속 장식'에 리본 끈으로 고리를 만들고 크리스마스 트리나 벽에 걸어 장식한다.

3 (선택) '약속 장식'을 차례대로 리본 끈에 끼워 목걸이를 만든다.

크리스마스 카드 꾸미기

1 29쪽 '크리스마스 카드'를 떼어 반으로 접고, 27쪽 '하트 장식'을 붙여 화환 모양을 만든다.

2 41쪽 '리본' 스티커 또는 리본 끈으로 리본을 만들어 셀로판테이프를 이용해 붙인다.

3 카드에 '예수님이 태어나셨어요'라고 쓰고, 복음이 필요한 친구나 이웃에게 전달한다.

이야기 나누기

- 힘이 들 때 누군가 도와주러 오고 있다는 말을 들으면 기분이 어떨까요?
- 이사야는 유다 사람들에게 누가 오신다고 예언했나요?
- 예수님은 왜 우리에게 오셨나요?

5

2 천사가 마리아와 요셉에게 나타났어요

천사가 마리아를 찾아와 하나님이 마리아를 예수님의 어머니로 선택하셨다는 소식을 전했어요. 또 요셉의 꿈에 나타나 그 소식을 전하고 하나님의 아들이신 예수님이 하나님의 백성을 죄에서 구원하실 것이라고 말했어요.

하나님이
선택하신
예수님 가족

누가 예수님의 부모가 될까요?

천사가 마리아와 요셉에게 나타났어요. 빈 곳에 알맞은 그림 조각을 찾아 선으로 연결하고, 이야기 순서에 맞게 ○ 안에 번호를 쓰세요.

31쪽 '주름책'을 떼어 접는 선대로 접고 옆으로 세운 뒤 30cm 정도 떨어진 거리에서 이쪽저쪽 돌려 보며 친구에게 이야기를 들려주세요.

준비물 ▶ 31쪽 '주름책', 색연필

하나님이 예수님의 가족을 선택하셨어요.

천사가 마리아에게 찾아왔어요.

천사가 요셉의 꿈에 나타났어요.

마리아가 엘리사벳을 찾아갔어요.

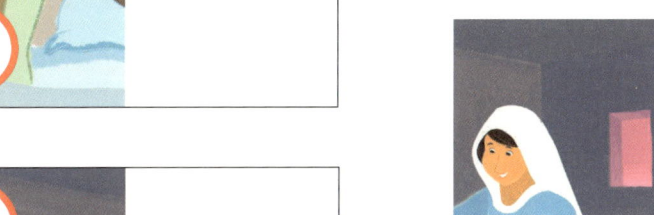

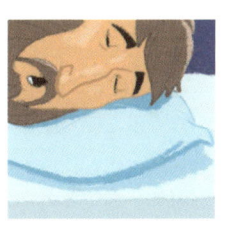

이야기 나누기

- 하나님이 예수님의 어머니로 선택하셨다는 소식을 들은 마리아의 기분은 어땠을까요?
- 마리아가 낳을 하나님의 아들, 예수님이 하나님의 백성을 죄에서 구원하실 것이라는 소식을 들은 요셉은 어떤 기분이었을까요?

천사가 마리아와 요셉에게 나타났어요

성경 이야기를 기억하며 41쪽 '스티커북 1' 스티커를 떼어 특별 부록 '스티커북 1'을 꾸며 보세요.

예수님의 부모로 선택된 마리아와 요셉

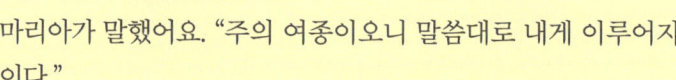

어느 날 하나님은 가브리엘 천사를 마리아에게 보내셨어요. 마리아는 다윗의 후손인 요셉과 결혼하기로 약속한 상태였어요. 천사는 마리아가 아직 결혼하지 않았지만 매우 특별한 아이를 갖게 될 것이며, 아이의 이름은 '예수'라고 말해 주었어요.

마리아가 "어떻게 이런 일이 생길 수 있나요?"라고 묻자 천사는 하나님께는 할 수 없는 일이 없다면서 마리아의 친척 엘리사벳도 나이가 많아 아이를 가질 수 없었지만 아이를 가졌다고 전했어요.

마리아가 말했어요. "주의 여종이오니 말씀대로 내게 이루어지이다."

마리아는 서둘러 엘리사벳의 집으로 갔어요. 마리아가 도착하자 엘리사벳의 배 속에 있던 아이가 기뻐 뛰놀기 시작했어요! 엘리사벳이 성령의 충만함을 받아 말했어요. "네가 복이 있으며, 네 배 속의 아이도 복이 있도다!" 마리아는 정말 기뻐하며 하나님의 위대하심을 찬양했어요. 그러고는 엘리사벳의 집에서 세 달 동안 머문 후 집으로 돌아갔어요.

얼마 후 하나님의 천사가 요셉의 꿈에 나타났어요. 요셉은 결혼도 하지 않은 마리아가 아이를 갖게 된 것을 알고 걱정하고 있었어요. "요셉아, 마리아를 네 아내로 데려오는 일을 겁내지 말아라. 마리아는 아들을 낳을 것이다. 그 아기의 이름을 '예수'라 하라. 이는 그가 하나님의 백성을 죄에서 구원하실 것이기 때문이다!" 잠에서 깨어난 요셉은 천사가 명령한 대로 했어요. 요셉은 마리아와 결혼했고, 아들이 태어나자 이름을 '예수'라 지었어요.

예수님이 태어나시기 전에 많은 선지자가 예수님에 관해 예언했어요. 그 예언은 모두 이루어졌지요. 하나님은 이 세상을 창조하시기 전부터 예수님을 이 땅에 보낼 계획을 갖고 계셨어요. 하나님의 때에 이 땅에 오신 예수님은 십자가에서 죽으심으로 사람들을 죄에서 구원하시려는 하나님의 구원 계획을 이루셨어요.

 이야기 나누기

- 천사는 하나님은 못하시는 일이 없다고 했어요. 하나님이 하신 일들이 무엇인지 이야기해 보세요.
- 엘리사벳을 만난 마리아는 하나님을 찬양했어요. 나는 예수님을 보내 주신 하나님께 어떤 찬양을 드리고 싶나요?

하나님이
선택하신
마리아와 요셉

마리아와 요셉을 찾아요

보기 와 똑같은 마리아와 요셉을 찾아 ○표 하세요. 마리아와 요셉은 누구인가요?
33쪽 '크리스마스 가랜드'를 떼어 끈에 감아 셀로판테이프를 붙여 천사가 마리아와 요셉
에게 알려 준 예수님의 소식을 담은 멋진 장식을 만들어 잘 보이는 곳에 장식해 보세요.

준비물 ▶ 31~34쪽 '크리스마스 가랜드', 끈(털실 또는 리본 끈 등), 셀로판테이프

이야기 나누기

- 예수님은 하나님의 약속대로 다윗
  의 자손으로 태어나셨어요. 요셉은
  누구의 자손일까요?
- 하나님이 우리에게 주신 약속의 말
  씀을 자유롭게 이야기해 보세요.

보기

3 예수님이 태어나셨어요

예수님은 베들레헴에서 태어나셨어요.
천사들이 목자들에게 나타나 예수님이 태어나셨다는 소식을 전했어요.
목자들은 베들레헴으로 가서 구유에 누인 아기 예수를 보고, 천사가 예수님에 관해 들려
준 이야기를 전했어요.

아기로
오신
예수님

특별한 주인공을 소개해요

똑같은 그림을 찾아 선으로 연결해 보세요. 어떤 침대가 가장 마음에 드나요? 크리스마스의 주인공은 누구인가요? 정말 중요한 아기라면 어떤 침대를 사용하는 것이 어울릴까요?
특별 부록 '크리스마스 선물 상자'를 접어 41쪽 '예수님이 태어나셨어요' 스티커로 장식하고, 작은 선물을 담아 빵끈으로 묶고 복음이 필요한 친구에게 선물해 주세요.

준비물 ▶ 색연필, 특별 부록 '크리스마스 선물 상자', 41쪽 '예수님이 태어나셨어요' 스티커, 빵끈, 양면 테이프, 작은 선물(사탕, 캐러멜 등)

이야기 나누기

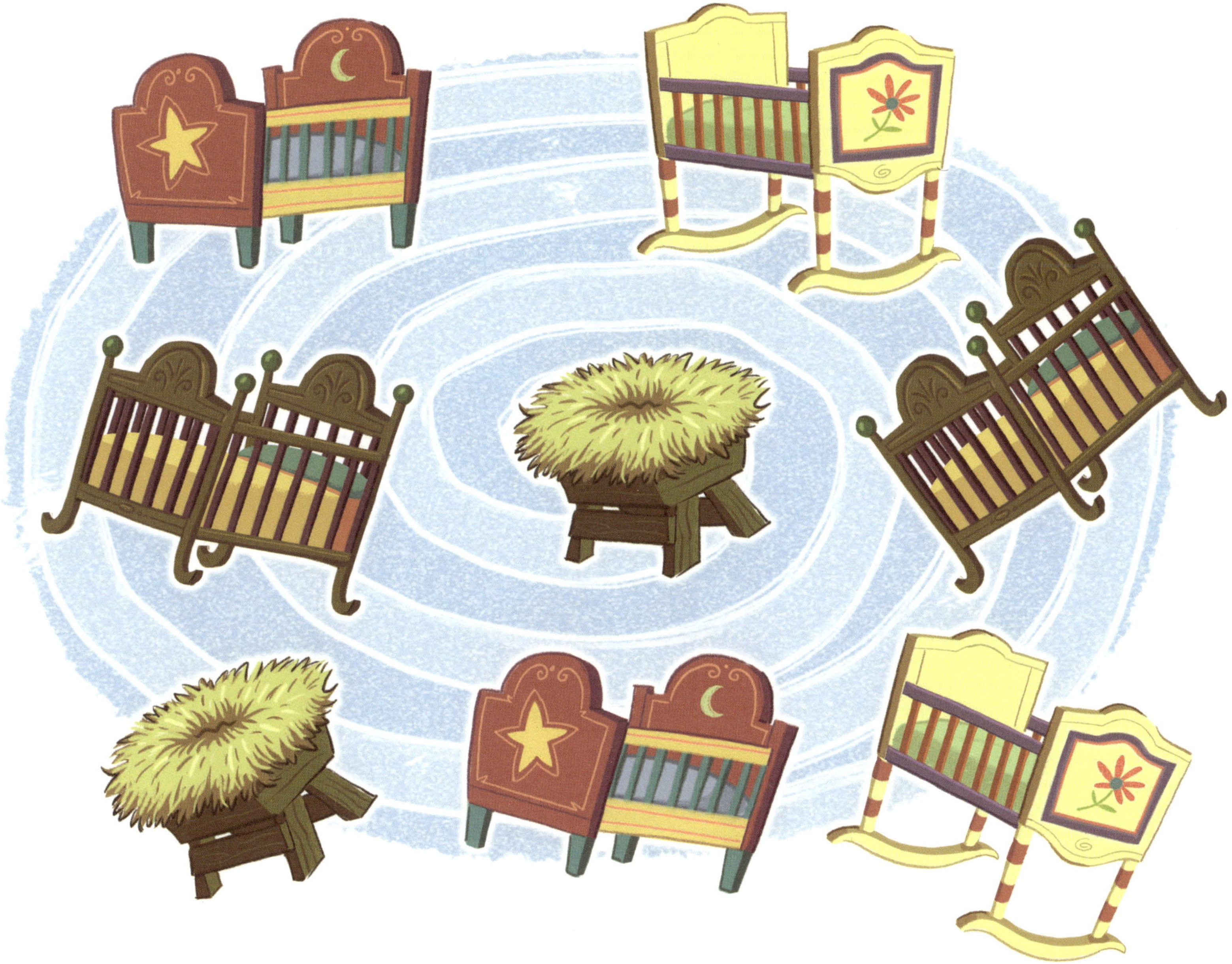

- 크리스마스는 무슨 날인가요?
- 예수님의 탄생은 보통 왕이 태어날 때와 어떻게 달랐나요?
- 예수님은 왜 사람이 되어 이 땅에 태어나셨나요?

예수님이 태어나셨어요

성경 이야기를 기억하며 42쪽 '스티커북 2' 스티커를 떼어 특별 부록 '스티커북 2'를 꾸며 보세요.

하나님이 약속하신 구세주 예수님

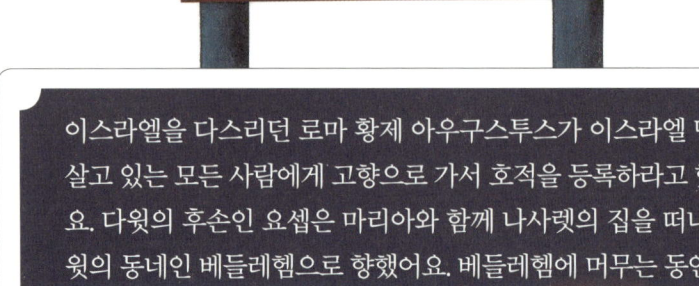

이스라엘을 다스리던 로마 황제 아우구스투스가 이스라엘 땅에 살고 있는 모든 사람에게 고향으로 가서 호적을 등록하라고 했어요. 다윗의 후손인 요셉은 마리아와 함께 나사렛의 집을 떠나 다윗의 동네인 베들레헴으로 향했어요. 베들레헴에 머무는 동안 마리아가 아기를 낳을 때가 다가왔어요.

그런데 안전하게 아기를 낳아 머물 곳을 찾을 수 없었어요. 호적 등록 때문에 사람들이 많이 모여 있었기 때문이에요. 그래서 마리아는 동물들이 머무는 마구간에서 아기 예수를 낳았어요. 마리아는 아기 예수님을 담요에 아늑하게 싼 뒤에 구유에 뉘었어요.

그 근처 들판에는 목자들이 양을 지키고 있었어요. 갑자기 하나님의 천사가 나타나 말했어요. "무서워하지 말아라! 내가 너희를 위한 좋은 소식을 가지고 왔다. 오늘 다윗의 동네에 너희를 위하여 구주가 나셨으니 곧 그리스도 주시다. 너희는 가서 담요에 싸여 구유에 누워 있는 아기를 볼 것이다."

갑자기 많은 천사가 나타나더니 하나님께 찬양을 드렸어요. "지극히 높은 곳에서는 하나님께 영광이요 땅에서는 하나님이 기뻐하신 사람들 중에 평화로다!"

목자들은 바로 아기 예수님을 찾으러 베들레헴으로 향했어요. 아기 예수님을 만난 목자들이 천사에게 들은 이야기를 전하자 그곳에 있던 사람들은 모두 놀랐어요. 목자들은 하나님을 찬양하며 들판으로 돌아갔어요. 모든 일이 천사가 말한 대로 이루어졌기 때문이에요.

예수님의 탄생은 좋은 소식, 복음이에요. 예수님은 평범한 아기가 아니셨어요. 하나님의 아들이신 예수님은 사람들을 죄에서 구원하고 그들의 왕이 되기 위해 이 땅에 오셨어요.

이야기 나누기

- 하나님의 약속대로 베들레헴의 마구간에서 태어나신 분은 누구이신가요?
- 예수님이 사람으로 태어나신 소식이 왜 기쁜 소식일까요?

입체 그림책 만들기

하나님의 아들, 예수님

마구간을 들여다보아요

35쪽 '마구간' 그림을 떼어 접는 선대로 접고 ★, ☆, ●, ◈ 표시에 맞게 풀로 붙여 '입체 그림책'을 완성해 보세요. 이 땅에 오신 예수님을 기억하며 감사 기도를 드려요.

준비물 ▶ 35쪽 '마구간' 그림, 풀

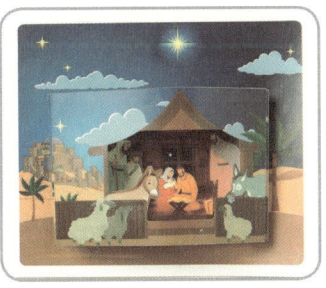

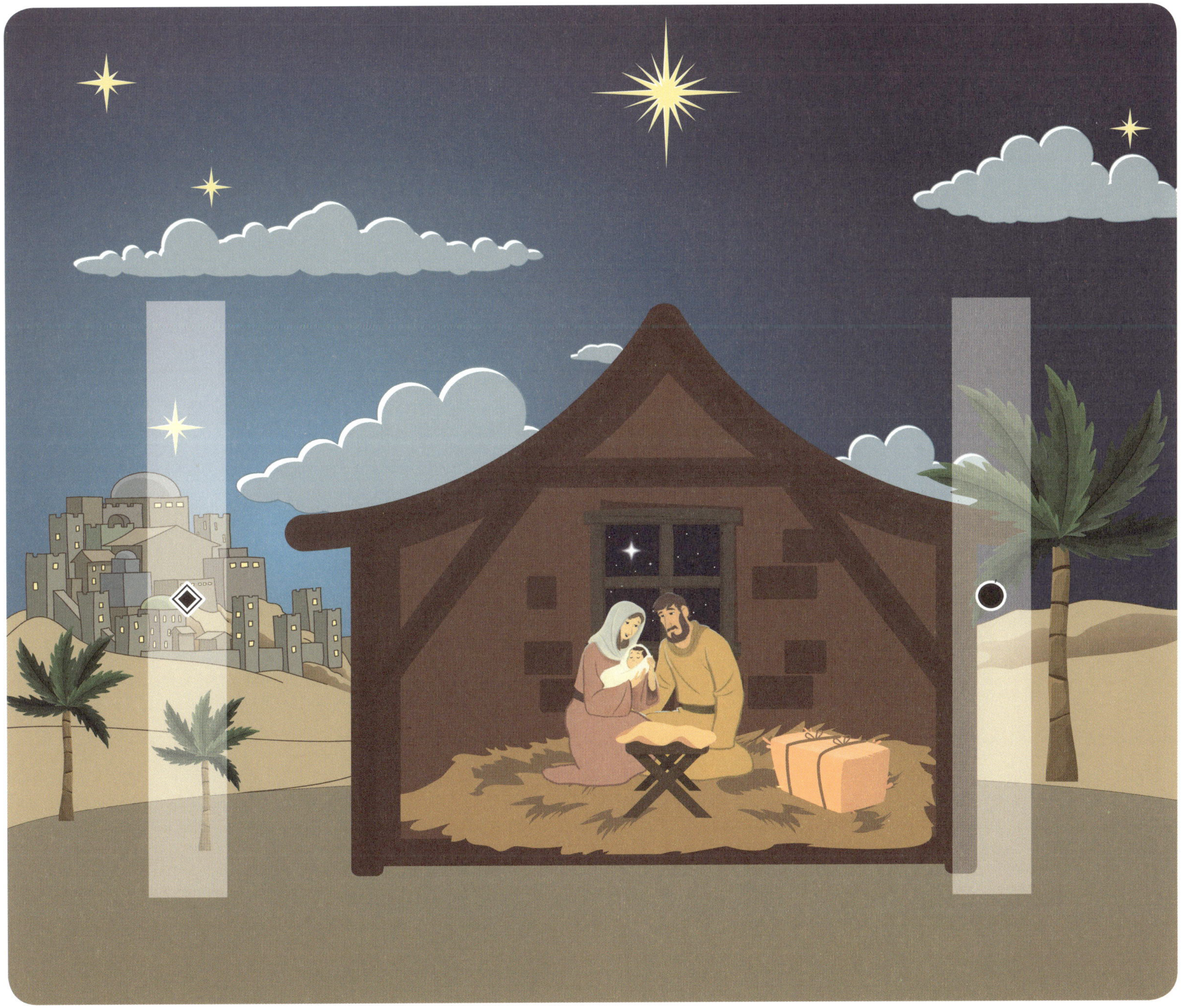

이야기 나누기

- 예수님은 어디에서 태어나셨나요?
- 아기 예수님을 본 목자들은 어떤 기분이었을까요? 목자들은 하나님이 어떤 분이시라고 생각했을까요?

4 동방 박사들이 왕께
경배했어요

동방 박사들은 별을 따라 예수님을 찾아갔어요.
헤롯왕은 새로운 왕이 태어났다는 사실에 화가 나서 아기 예수님을 죽이려고 했어요.
동방 박사들은 예수님께 예물을 드리고 경배했어요.

별을 따라 길을 찾아요

동방 박사들이 예수님께 잘 도착할 수 있도록 길을 찾아 주세요.
'예수님은 우리들의 왕! 메리 크리스마스!'라는 글자가 적힌 별을 찾아 선을 그으면 돼요!

왕이신
예수님

이야기 나누기

- 동방 박사들은 무엇을 따라가서 예수님을 만났나요?
- 동방 박사들은 별이 무엇을 말하고 있다고 믿고 따라갔나요?

동방 박사들이 왕께 경배했어요

성경 이야기를 기억하며 42쪽 '스티커북 3' 스티커를 떼어 특별 부록 '스티커북 3'을 꾸며 보세요.

왕으로 오신 예수님

오래전에 하나님은 백성을 구원할 왕을 보내겠다고 약속하셨어요. 사람들은 오랫동안 왕을 기다렸고, 드디어 그 왕이 오셨어요! 동방 박사들이 큰 별을 보고 예수님을 찾으러 길을 떠났어요. 그들은 유대를 다스리는 헤롯왕에게 가서 말했어요. "유대인의 왕으로 태어나신 이가 어디 계십니까? 우리는 동방에서 별을 보고 그에게 경배하러 왔습니다."

헤롯왕은 화가 났어요. '새로운 왕이라고? 내가 왕인데!' 헤롯왕은 모든 대제사장과 서기관들을 불러서 물었어요. "그리스도가 어디서 나겠느냐?" 대제사장과 서기관들은 "선지자 기록에 따르면 베들레헴입니다"라고 대답했어요. 헤롯이 동방 박사들에게 말했어요. "가서 아기에 대하여 자세히 알아보고 찾거든 내게 말해 주어 나도 가서 그에게 경배하게 하라." 그러나 헤롯의 말은 거짓이었어요. 헤롯은 새로운 왕을 해치고 싶어 했지요!

동방 박사들은 별을 따라 예수님이 계시는 집에 도착했어요. 동방 박사들은 무릎을 꿇고 예수님께 경배했어요. 그들은 예수님께 3가지 예물, 황금과 유향과 몰약을 드렸어요. 동방 박사들이 돌아갈 때가 되자, 하나님은 그들의 꿈에 나타나셔서 헤롯에게 예수님이 태어나신 곳을 알리지 말라고 하셨어요. 그래서 그들은 다른 길로 돌아갔어요.

동방 박사들이 돌아가고 난 후에 천사가 요셉의 꿈에 나타나 말했어요. "일어나라! 헤롯이 아기를 찾아 죽이려 하니, 일어나 아기와 그의 어머니를 데리고 이집트로 피하여 내가 말할 때까지 거기 있으라." 그래서 요셉은 한밤중에 마리아와 아기 예수를 데리고 안전한 이집트로 향했어요. 얼마 후, 헤롯이 죽자 천사가 요셉의 꿈에 한 번 더 나타나 말했어요. "일어나 아기와 그의 어머니를 데리고 이스라엘 땅으로 가라. 아기의 목숨을 찾던 자들이 죽었느니라." 요셉은 천사가 말한 대로, 일어나 마리아와 예수님을 데리고 이스라엘로 돌아왔어요.

이야기 나누기

- '경배'한다는 것은 존경해서 공손히 절한다는 뜻이에요. 동방 박사들은 왜 예수님께 경배했나요?
- 동방 박사들은 특별한 선물을 드리며 예수님께 경배했어요. 나는 어떤 특별한 선물을 드리며 예수님께 경배하고 싶나요?

똑똑, 왕을 찾아요

왕이신
예수님께
경배

아기 예수님은 어디 계실까요? 37쪽 '똑똑, 왕을 찾아요' 그림에서 문들을 떼어 접는 선대로 접은 뒤 테두리에 풀을 발라 붙이세요. 36쪽 '동방 박사' 인형을 떼어 리본 끈을 붙인 뒤, 인형을 움직이며 문 앞에 가서 '똑똑' 노크를 하고 문을 열어 예수님을 찾아 경배하세요.

준비물 ▶ 37쪽 '똑똑, 왕을 찾아요' 그림, 36쪽 '동방 박사' 인형, 풀, 리본 끈, 셀로판테이프

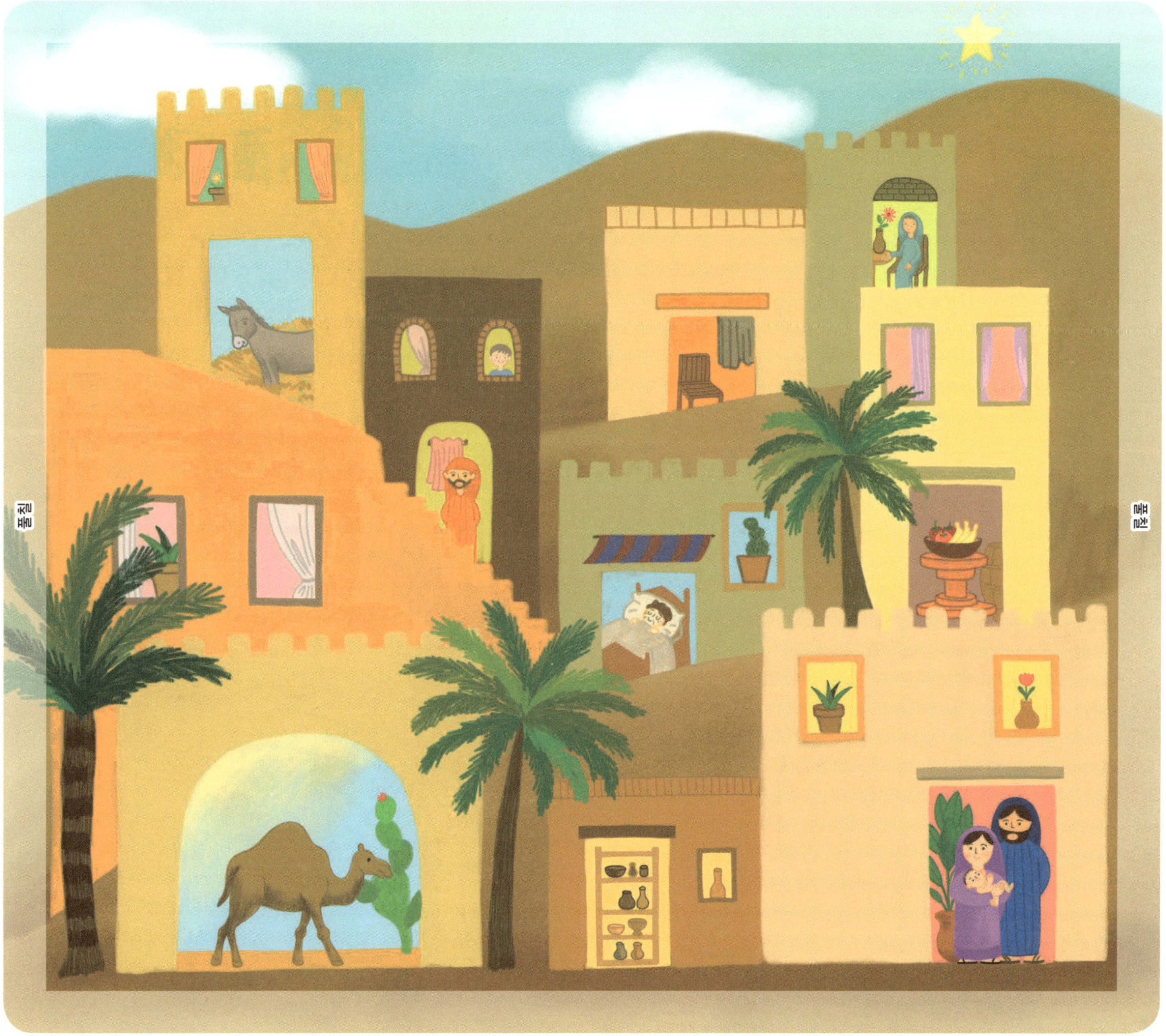

이야기 나누기

- 경배받으셔야 할 왕이신 예수님이 이 땅에 오신 이유는 무엇인가요?
- 나를 구원하기 위해 이 땅에 오신 예수님께 하고 싶은 말은 무엇인가요?

5 예수님이 예루살렘에
들어가셨어요

예수님과 제자들은 유월절을 지내기 위해 예루살렘으로 갔어요.
사람들은 예루살렘에 오신 예수님을 왕으로 맞이했어요.
예수님이 나귀를 타고 들어오시자 사람들은 "호산나!"라고 외쳤어요.
종교 지도자들은 사람들이 예수님을 찬양하는 것을 싫어했어요.

호산나

왕 되신 예수님을 맞이해요

"우리를 구원하소서! 호산나!" 사람들은 예루살렘에 들어오신 예수님께 종려나무 가지를 흔들고 겉옷을 깔며 환영했어요. 색연필을 이용해 예루살렘에서 골고다 언덕까지의 길을 따라가 보세요. 39쪽 '종려나무 가지' 그림을 떼어 나무젓가락을 붙이고 리본 끈으로 장식하세요. "호산나!"를 외치며 동극을 꾸며 보세요.

준비물 ▶ 색연필, 39쪽 '종려나무 가지' 그림, 나무젓가락, 리본 끈, 셀로판테이프

이야기 나누기

- 왕이신 예수님은 왜 멋진 마차가 아닌 나귀를 타고 예루살렘에 들어가셨을까요?
- 잡히실 것을 알면서도 예수님은 왜 예루살렘에 가셨을까요?

예루살렘

골고다 언덕

복음을 전해요

39쪽 '복음 이야기 조각'을 떼어 ◈, ▲, ★, ■ 표시에 맞게 풀로 붙이고, 순서대로 접었다 펴며 복음 이야기를 기억해 보세요. 예수님을 모르는 가족이나 친구들에게 복음을 전해 주세요.

왕 하나님이 온 세상을 창조하시고, 다스리세요.

 사람들은 하나님께 불순종하는 죄를 지어 하나님과 멀어졌어요.

◆

▲

이야기 나누기

- 좋은 소식, 복음을 친구에게 이야기해 보세요.
- 누가 사람들을 구원할 계획을 세우고 이루시나요?

 예수님이 우리 대신 죽으심으로 우리를 구원해 주셨어요.

 예수님을 믿으면 하나님은 하나님과 함께 사는 영원한 생명을 주세요.

구원하실 왕

'호산나' 예수님을 환영해요

보기 를 각각 숫자만큼 찾아 ○표 하세요. 29쪽 '호산나 문고리' 그림을 떼어 색칠하고, 현관이나 방문 손잡이에 걸어 두고, 예수님이 우리를 구원하신 왕이심을 사람들에게 알려 주세요.

준비물 ▶ 29쪽 '호산나 문고리' 그림, 색연필

호산나! 구원의 왕 예수님

 이야기 나누기

- 사람들은 예수님을 맞이하며 무엇을 흔들었나요?
  그들은 무엇이라고 외쳤나요?
- 사람들은 왜 예수님을 환영했을까요?

보기

 10 종려나무 가지

 **5** 어린이

 **2** 바리새인

 **7** 겉옷

 **1** 항아리 든 사람

6 예수님이 부활하셨어요

예수님은 십자가에 못 박히셨어요.
예수님은 십자가에서 죽으시고 다시 살아나셨어요.
천사가 두 명의 마리아에게 나타나 예수님의 부활을 전했어요.
여인들은 부활하신 예수님을 보고 경배했어요.

THE GOSPEL PROJECT / CHRISTMAS & EASTER

예수님이
부활하신 이유

예수님의 삶을 따라가 보아요

예수님께 어떤 일이 일어났는지 순서대로 번호를 적어 보세요. 하나님의 아들이신 예수님은 왜 십자가에서 죽으셨다가 3일 만에 다시 살아나셨을까요?

 을 찾아 색칠해 암호 글자를 찾아 빈칸에 적어 다음 문장을 완성하고, 선생님 을 따라 문장을 읽어 보세요.

예수님이 우리의 ☐를 대신 지셨어요.
예수님을 믿으면 ☐를 용서받고
영원한 생명을 얻어요.

이야기 나누기

- 십자가에 달리신 예수님을 보신 하나님의 마음은 어땠을까요?
- 예수님이 죽으시고 다시 살아나시지 않았다면 우리는 어떻게 되었을까요?

상황 이해하기

예수님이 죄인을 구원하셨어요

복음이 필요한 사람

어떤 상황인가요? 하나님은 어떻게 하기를 바라실까요? 우리도 잘못된 행동을 할 때가 많아요. 하지만 예수님을 믿고 모든 죄를 용서받은 내 모습을 거울 속에 그려 보세요.

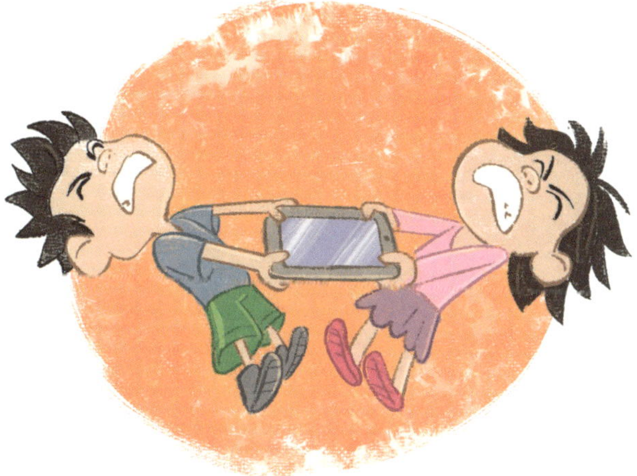

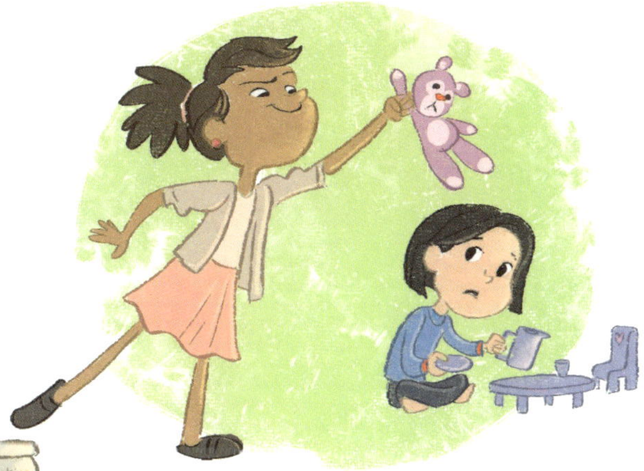

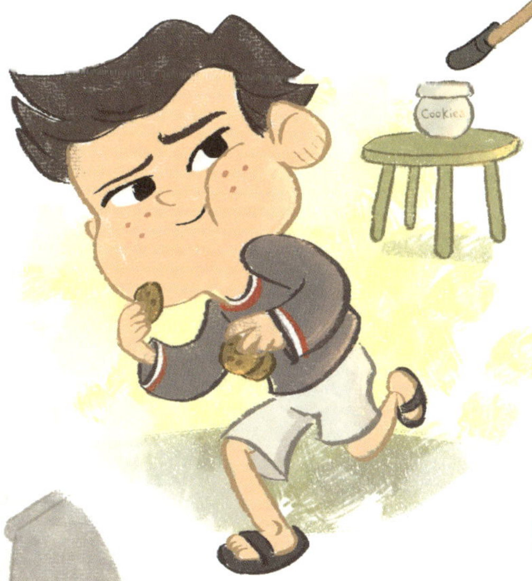

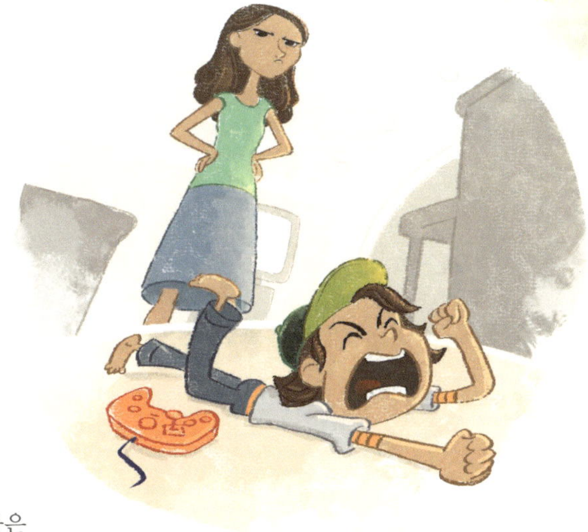

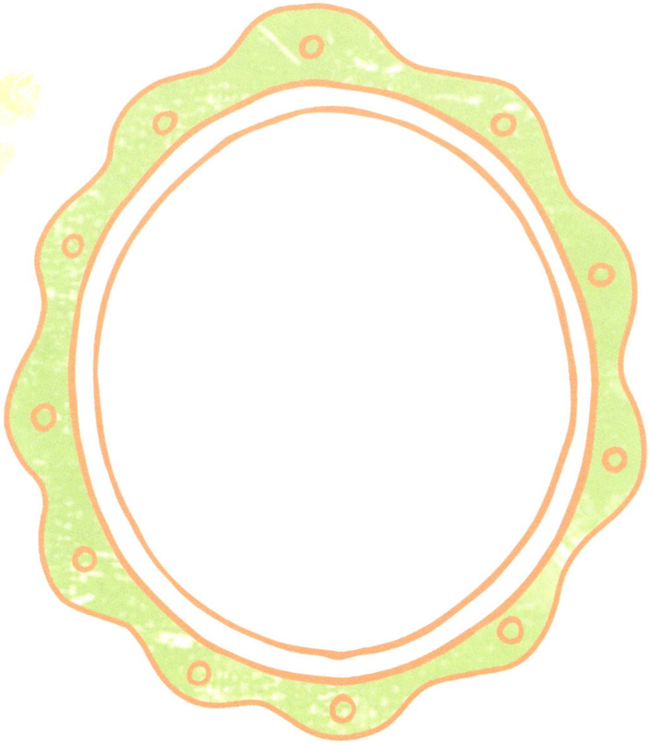

이야기 나누기

- 장사 지낸 지 사흘 만에 무덤에 찾아간 여인들은 무엇을 알게 되었나요?
- 누구에게 기쁜 소식, 복음이 필요한가요?

예수님의 부활을 전해요

우리 죄를 대신 지고 희생 제물이 되신 예수님이 사흘 만에 다시 살아나셨어요. 특별 부록 '부활절 달걀 상자'를 꾸미고 삶은 달걀을 넣어 복음이 필요한 사람들에게 나누어 주세요.

복음이
필요한 사람

준비물 ▶ 특별 부록 '부활절 달걀 상자', 삶은 달걀,
41쪽 '예수님이 부활하셨어요' 스티커,
달걀 꾸미기 재료

아담

아브라함

이삭

야곱

보아스

다윗

솔로몬

히스기야

예수님

1과 약속 장식　　1과 하트 장식

27

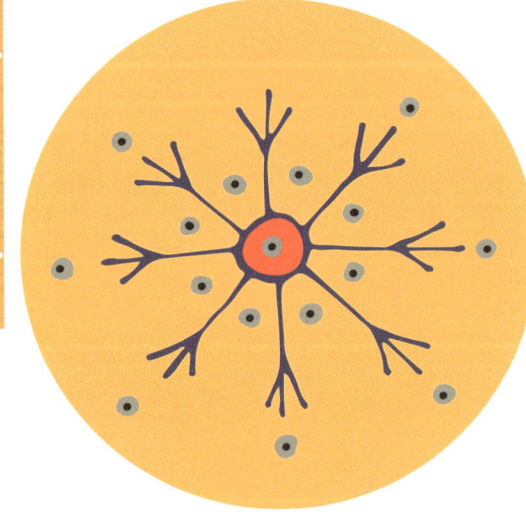

Merry Christmas

호산나! 구원의 왕 예수님

"···호산나
다윗의 자손이여
찬송하리로다
주의 이름으로 오시는 이여
가장 높은 곳에서
호산나···"

마태복음 21장 9절

Merry
Christmas

예수님이
태어나셨어요

"하늘에는 영광,
땅에는 평화"

구원할 자이심이라
하니라
마태복음 1장 21절

우리와 함께하심이 하나님, '딸'을 하나님, 함께하세요!

우리와 함께하심이 하나님, '딸'을 하나님, 함께하세요!

"하늘에는 영광, 땅에는 평화"

"하늘에는 영광, 땅에는 평화"

아들을 낳으리니 너는 그 이름을

이는 그가 자기 백성을

그들의 죄에서
구원할 자이심이라

이름을 예수라 하라

·--·--·--·--· 밖으로 접는 선
----------- 안으로 접는 선

35

4과 동방 박사

5과 종려나무 가지

1과 예수님 상징

1과 보석

1과 리본

3과 예수님이 태어나셨어요

예수님이
태어나셨어요

6과 예수님이 부활하셨어요

예수님이
부활
하셨어요

스티커북 1